FÉRTIL REGIÓN

© Félix Molina Colomer
© de esta edición: Olé Libros, 2024

Director de la colección: Vicente Barberá Albalat

ISBN: 978-84-10053-33-5
Depósito legal: V-2129-2024
Impreso en España

KALOSINI, S. L.
Grupo editorial olé**libros**
equipo@olelibros.com
www.olelibros.com

FÉRTIL REGIÓN

Félix Molina Colomer

COLECCIÓN NIGREDO

FÉLIX MOLINA COLOMER

Este valenciano, buen conocedor de su ciudad pero particularmente enamorado de su barrio, Nazaret, se supo poeta desde muy temprano. Sus actividades han caminado por rumbos diversos: licenciado en Químicas, maestro pastelero, músico, entrenador de rugby… pero siempre lector insaciable de casi cualquier tema. Nos advierte que, salvo expresa prohibición de la R.A.E., usará el adverbio *"sólo"* siempre con tilde…

Ha publicado en valenciano, su irrenunciable lengua materna, y ha presentado exposiciones de artistas como J. J. Gimeno, José Lapasió, Cristina Bernador y Carlos Boví. Desde hace algunos años coordina el Aula I de poesía del Ateneo Mercantil de Valencia, con el apoyo del grupo poético El Limonero de Homero, además del club de lectura de La Ardilla Literaria, donde imparte charlas y talleres. También Concilyarte y Polimnia 222 saben de su paso. De todos ellos hay un poco en este libro, porque de todos ha aprendido.

Del mismo autor: *Nocturno y premeditado*, Círculo Rojo, 2015.
Tan gastado corazón, Neopàtria, 2016.

AGRADECIMIENTOS

No se me ocurre mejor manera de agradecer la colaboración y la ayuda recibida para que este librito llegue a buen puerto que dedicar alguna de sus piezas a aquellas personas que gentilmente se implicaron en la labor. Muchos queridos amigos dan lustre con su nombre al encabezamiento de mis poemas. Algunos de ellos fueron quienes, con un comentario afortunado, los motivaron; otros les dieron cauce con alguna reflexión brillante. Nunca se sabe de dónde puede surgir la chispa creadora. Finalmente, cuatro de estos amigos, significados poetas, accedieron generosamente a efectuar la postrera pero necesaria revisión. Ellos son, en pie de igualdad, Juan Luis Bedins, presidente de CLAVE y excelente poeta; y tres de los componentes del prestigioso grupo poético El Limonero de Homero: Blas Muñoz, Vicente Barberá y Antonio Mayor. Con todos y cada uno me siento en deuda.

Otros compañeros poetas han tenido la amabilidad y el desprendimiento de dedicar su precioso tiempo a leer el texto final y efectuar su personal valoración. Me refiero a Alejandro Argentino Font de Mora, a quien debo un magnífico prólogo que revela su profunda y acertada comprensión de mis poemas (extremo este indudable en un amante del tango) y a Pascual Casañ, que sabe precisar con la más lírica de las expresiones los pensamientos más profundos. No dejaré sin nombrar a mis poetas del Aula I del Ateneo, de los que tanto aprendo y con los que tanto comparto; ni a Vicente Bosch, bibliotecario de la entidad, por sus desvelos constantes en favor de nuestra actividad. Tampoco a Toni Alcolea, editor audaz, por la confianza depositada en esta obra.

Y hay más nombres que me guardo, más personas sin olvido, entre mis versos.

Allí nos encontraremos siempre.

Félix Molina

PRÓLOGO

Los títulos de los poemarios —salvo alguna sorprendente (y temeraria) excepción de absentismo titulativo— suponen un esfuerzo del autor por sintetizar en una o pocas palabras el espíritu, la médula de su contenido. Un poemario no es una simple recopilación de poemas con vocación de armario, de alacena, o de archivador si se quiere. Incluso las antologías, que son por definición —estas sí— colecciones de piezas escogidas, suelen también titularse. En el título subyace, pues, el intento esforzado y no siempre conseguido del autor de trasladar al lector potencial, como en un destello único y deslumbrante, toda la luz que su obra atesora. La calidad de un poeta se ve también —y primero— en su tino y sensibilidad al titular.

Digo todo esto, porque el acierto del libro de Félix Molina comienza por su título, que inmediatamente se intuye imbricado en la creación poética. La *Fértil región* a la que se alude no sería otra cosa que la poesía misma. Para despejar cualquier duda al respecto, el libro se inicia con un poema liminar significativamente titulado *A propósito del poema (y del poeta)*, donde apuntan tres cuestiones esenciales. En primer

7

lugar, la voluntad de transferencia, de diálogo con el lector: *Y en lo escrito, lector, quizá un encuentro. / Un alma que a tu alma le pregunta.* Después, la voluntad de perduración transfísica, lograda precisamente a través de la atención del lector, la cual vendría a ser, siguiendo con la terminología psicoanalítica, una suerte de contratransferencia, una proyección del lector sobre el poeta —sobre su obra—, el cual le pide explícitamente respecto a lo por él escrito: *Abríguelo del tiempo tu mirada / porque es el tiempo artífice de olvido / y guárdenlo tus ojos de su frío: / no aspira a más cobijo mi palabra.* Por último, la conciencia de la dificultad de todo ello, radicada en la poquedad del poeta —de todos los poetas—: *Bien poco es ser poeta, eclipse apenas / mendicante de luz, cáliz de nombres...*

Y es que, en esta *Fértil región* de Félix hay una rica veta metapoética, un intento de explicarse el propio poeta y explicarnos a los lectores qué es esencialmente la poesía. Intento que ha acompañado a casi todos los que han escrito poesía desde que la poesía se escribe. Así lo observamos en el capítulo homónimo —el cuarto— donde el intento metapoético protagoniza diez poemas en los que podemos intuir la tensión de la creación literaria, como cuando el autor se ve urgido por *Sombras que (...) claman por la palabra que las nombre (Madrugada).* Tensión a veces no resuelta con éxito, como en el poema *Geometría nocturna,* donde el autor, en original imagen, espera el momento del impulso creador y, en diálogo con el propio acto poético, le dice: *Yo esperaba y espero (...) Para acceder con fósforos prendidos / a tu recinto solitario / en el que toda turbulencia halla / cabal geometría.*

Y concluye desolado: *Me he quemado / tantas veces los dedos...* La dificultad inherente a la exploración metapoética queda plasmada en *Traspoema* —otro título afortunado— donde deduce que comprender el poema tal vez sea, dice, *nuestro peculiar método / -a la manera de la asíntota- / de tender a infinito*. También en *Metáfora de la caza* imagina a las palabras, sin nombrarlas directamente —por eso es una metáfora—, como aves, y confiesa su aspiración, que es la de todo literato, de "*trocar su cielo por el folio*".

Un inciso para decir que, si no supiera como sé, que nuestro autor es científico de formación, podría intuirlo por el tono general, por la precisión de su léxico, por un cierto distanciamiento, como el de quien observa lo pequeño con un microscopio o lo enorme con un telescopio; da lo mismo, que tanto en lo pequeño como en lo grande está la inmensidad representada. Y, sin embargo, pese a ese subrepticio carácter de testimonio analítico de muchos textos —la docencia acaba imprimiendo carácter— y todo ello sin menoscabo de la riqueza del lenguaje que exhibe, debo confesar que este libro en algún momento me ha conmovido, y me ha conmovido hasta las lágrimas, sea por mérito suyo —que lo tiene y en grado sumo— sea por el demérito de esta labilidad emocional mía, fruto dulciamargo de mis exactos tres cuartos de siglo de existencia. Al respecto, creo firmemente, sin que pueda aducir testimonio científico, que cuando tienes el primer nieto el cerebro afectivo —o sea, el sistema límbico— se da la vuelta del revés. (El lector me perdonará este excurso sin demasiado hilván con el tema que nos ocupa).

9

Y la antedicha conmoción se da porque bajo esa aparente neutralidad descriptiva, tras esa pulsión objetivadora tributaria de no sé qué método científico, en la escritura de Félix Molina se esconde un núcleo sentimental que en ocasiones estalla, desborda, sorprende y envuelve al lector, como cuando en dos momentos impactantes —*Luces* y *El largo adiós*— se enfrenta, y nos enfrenta, a la desaparición del padre. Ejemplo magistral de cómo decir lo justo para sacudir con poética eficacia la sensibilidad del lector. Toda la sección o capítulo segundo, donde se encuentran los ejemplos que se acaban de citar, responde a la misma dinámica. También el tercero, titulado *Albas y ocasos*, donde habitan los amores y desamores, y se va desde el asombro por el misterio que nuclea toda relación, como en el poema *Algunas preguntas*, donde leemos: *Y por qué yo, por qué de entre los deltas / de ríos asombrosos fui a llegar / en pájaros y en lluvias a la orilla / donde en tus ojos se detuvo el tiempo.* —hasta la desazón por las ausencias, no solo de la amada— *Un hueco de congoja / que sangra minucioso / sobre el tiempo en que faltas. / Así es tu ausencia (El hueco)*, también de los hijos: *Otoño blando ¿qué noticias traes? / Octubre se ha llevado / mis aves migratorias (Inicio de curso).* Este capítulo, como el primero —*La tierra recorrida*— y el quinto y último —*Cuaderno de campo*— vertebran el componente fundamental de la obra, que es la metabolización de lo vivido, desde la óptica de la poesía del sentimiento, desarrollada con elegancia, con un cuidado léxico que revela los conocimientos sobre poesía contemporánea que atesora el autor, que no en vano dirige el Aula de Poesía I del Ateneo Mercantil de Valencia, como también su formación científica de la que se observan interesantes transferencias lingüísticas (*círculos de radio decreciente, secciones del cardioide, síncopas desbocadas, gris el equinoccio, tensión orgánica, a la manera de la asíntota, algoritmo de su vértigo,* etc.). De la poesía del sentimiento, sí, porque, salvando alguna extravagancia de las vanguardias clásicas (curioso oxímoron) y de las actuales, el agua de la poesía circula por el cauce de la vida, por el río de la existencia, y en él el poeta encuentra esos peces escurridizos que son los poemas. Nuestro autor habla precisamente de *las ocultas palabras / que en lo oscuro espejean / como peces en fuga. (Geometría nocturna).*

Podríamos entrar aquí a especular sobre la eterna—y pienso que fastidiosa—dicotomía entre poesía del sentimiento y poesía del pensamiento, en expresión de Jorge Luis Borges, o escudriñar qué poeta sería sentimental o cual metalingüístico, como los clasifica Marta Sanz en su antología. Pero, como quiera que sea, al final toda poesía orbita en torno a la vida, y la vida está radicalmente anclada en el sentimiento. Y a este respecto poco importa que este pueda envolverse en un discurso poético culturalista, como ocurre en la poesía de los llamados Novísimos, uno de cuyos más egregios representantes, Guillermo Carnero, lo explica con diafanidad en su obra *Una máscara veneciana,* en la que habla del uso de una "máscara cultural", y cito: "Como resultado de la necesidad de decir de uno mismo sin nombrarse ni utilizar la primera persona gracias a la posibilidad de considerar y utilizar la historia de la cultura como universo simbolizador del propio yo por analogía". Pero, con velos culturales o sin ellos, desde la encarnadura o la abstracción, es el yo el que nos habla en toda poesía.

Insisto en que Félix Molina en esta *Fértil región* se nos muestra como un poeta del sentimiento; en ella, el yo poético se expresa habitualmente en primera persona, pero, vuelvo a insistir, lo hace desde una cierta toma de distancia, en ocasiones como de diagnóstico médico: *Segrego versos pero poca insulina / soy de páncreas perezoso, lo noto / y mi sangre, rudo almíbar, me ha dejado / seis secciones del cardioide en vía muerta (Instantánea 2015)*. O en este otro poema titulado *Perplejidad (Tras un serio infarto): Mi tiempo se ha tornado espera, / y tal vez claridad /esta mirada mía / en círculos de radio decreciente.*

El tercer elemento que vertebra esta obra es uno de los Universales de la poesía: la impronta de la temporalidad; esa resignada, o rebelde, angustia; esa desazón de quien se sabe de paso por un tiempo prestado; esa certeza de un final cuya indefinición, sin embargo, nos regala un paradójico e ilusorio espejismo de inmortalidad. Todo el poemario se nos aparece transido de esa impresión nostálgica, de esa orfandad desamparada. Las referencias se dan especialmente —pero no solo en él— en el capítulo primero, de explícito enunciado: *La tierra recorrida.* Así, en *Desamparo* podemos leer: *Aquellas avecillas / que en mi ventana / cantaban y marcharon / llevándose consigo / lejos mis primaveras / son lo que echo de menos.* O en *La frase recurrente: Tiempo en el que empezar a echar en falta / nuestra alegre ignorancia / la agilidad, la tersa carne, el amor veloz...* En *Algunas flores*, nos dice: *Ya este es el camino y no hay retorno / sino oscuro presagio al frente.*

El poeta se mueve en un territorio plagado de incitaciones a la nostalgia, como expresa en el poema tan acertadamente titulado *Campo minado: Abro aquel libro último, el del último estante / el de hace tanto: aquel / con tu dedicatoria / una fecha y tu nombre.* Exasperado clama: *Bórreme el tiempo / y quede aquí escondido / tu nombre amado (Meeting point)* o en *Reencuentro casual,* un bien construido soneto, por cierto, se anestesia con la recuperación momentánea de algún vínculo con el pasado: *Y al oírlo me vuelvo, y un momento / anima nuestros rostros la ilusoria / sensación de obtener una victoria / sobre el encono del olvido hambriento.* Pero luego regresa en *Las hojas muertas* a la áspera realidad y habla "de imposibles retornos a tiempos imposibles". Llega incluso a referirse a la muerte, sin nombrarla, en otro poema impactante, *La certeza: Sé con seguridad / que mis pasos la siguen, / que cada abrazo la aproxima, / que ocupa noches insondables / y conozco su tacto en esos sueños / que tienen el sabor de los cuchillos. / Y sé seguro / que no sabré su rostro / hasta que vea / venir su mordedura / como, me consta, la están viendo / con sus ojos narcotizados / los silenciosos huéspedes / de la unidad de oncología.*

Y así podrían multiplicarse los ejemplos de cómo la herida del tiempo aflige a todo el territorio poético habitado por Félix Molina, que inscribe así su nombre en la extensa nómina de poetas, entre los que modestamente me cuento yo mismo, que conscientes de su finitud buscan el imposible consuelo de la palabra poética.

13

Seguro que Félix estará de acuerdo con el gran poeta del tango Homero Manzi, quien afirma: *Cansa tanto escuchar ese rumor / de la lluvia sutil que llora el tiempo / sobre aquello que quiso el corazón (Ninguna, tango).* Ciertamente, el tiempo ha llorado su lluvia sutil sobre esta *Fértil región* de Félix Molina y esa lluvia ha hecho brotar, contando con la sensibilidad y acierto del poeta, los hermosos frutos con que a todos nos regala

Alejandro A. Font de Mora
Valencia, febrero de 2024.

El poema debe ser como la estrella,
que es un mundo y parece un diamante.

J.R.J.

A PROPÓSITO DEL POEMA (Y DEL POETA)

A Blas Muñoz Pizarro, maestro y amigo.

Bien poco es ser poeta, eclipse apenas
mendicante de luz, cáliz de nombres,
temporero en la siega de los dones
y, bajo el cielo, asombro de ala nueva.

Temblamos con el viento de las cosas;
tal vez más, pues desnudos lo afrontamos
al resguardo inseguro de una mano
que escribe carne y sueño, hueco y sombra.

Temblamos como fuego a la intemperie
cuando es sólo la vida lo que pasa:
el manantial de un cuerpo, el mar del alba,
la sola soledad que nunca miente.

Puede haber, en lo escrito, un maleficio.
Una luz detenida que se parte
entre seres diversos y distantes
como pan para el hambre de un exilio.

Y en lo escrito, lector, quizá un encuentro.
Un alma que a tu alma le pregunta,
que tus horas horada con sus dudas
o empaña tus certezas con su aliento.

Abríguelo del tiempo tu mirada
porque es el tiempo artífice de olvido,
y guárdenlo tus ojos de su frío:
no aspira a más cobijo mi palabra.

LA TIERRA RECORRIDA

Confidencias

A Sara García Lafont, que me regaló un verso.

Puso palabras
mi pluma, aquellas
que callaba en los besos.
Así fue mi camino.

Y he escrito mucho,
he escrito tanto;
lo que no pudo prever nadie
al verme ocupado en labores
tan alejadas del sigilo
en el humilde reino
del obrador,
donde es el sueño espesa niebla.

Tales fueron las madrugadas:
mentiras a la luz de medias lunas,
silencios de incoloros pensamientos
con la frente cautiva
en la licuefacción de los relojes.

Organicé las cosas de tal modo
que el alma se me abría
hasta perderse en médanos.

Nadie pudo seguirme
en mi escisión de cera y llama.

RUTINAS

Siempre regreso a casa
siguiendo los crepúsculos.
Con la luz que se alza o desvanece
alumbro el gozo del retorno
al hogar que llevamos dentro.

A descontar del saldo de los días
los trabajos que lentos me consumen,
que vacían mis fuerzas,
que pinchan la burbuja de las horas
y en su rueca encantada el dedo
hasta caer dormido
en el pozo de qué esperanza.

Caemos en costumbres como cae
el carro en su rodera y nos creemos
en ellas amparados.
Siempre a la vuelta nos parecen
más cortos los caminos.

Tal vez en el regreso
a la casa que somos
ingrese el polizón de la nostalgia
de algunos soles huidos;
y un polvo admonitorio
de nuestra levedad consustancial
se alce a nuestro paso:
tierra es, que comulga con la tierra.

Danzan las sombras, danzan
su baile acostumbrado
cerrando el corro de la noche.

MELANCOLÍA

A la runner *de la playa.*

Lucías leves ropas deportivas
y tras de ti rendías cien miradas
de tu brío y tus gracias admiradas,
de tu correr ingrávido cautivas.

Tu ligero rodar también furtivas
codicias despertaba aborrascadas
pero con tu sonrisa desarmadas
las dejabas, y al punto inofensivas.

Llevabas la alegría en tu carrera
y eras del alba el estandarte cierto:
llegabas como luz que amaneciera.

Ahora la playa sola es sola espera.
Cuanto deja tu marcha es un desierto
y un mar que en tu silencio reverbera.

CARRETERA CORTADA

Cuánta tarde estival y cuánta hora
se pierde en la memoria de la infancia
en perseguir insectos inocentes
y quebrar en sus alas la belleza.

Más cerca en el recuerdo, me apliqué
a la recolección de albas rotas,
al desorden de sombra en los bancales,
a la gracia del mar, la cruz del canto
y al álbum de sonrisas regaladas;
a cualquier claro don que la existencia
brindase al precio mismo de durar.

Todo fue, en los sentidos, maravilla;
para quien busca soledad, obsequio.
Todo así, por tan poco, me fue dado.

Bien sé que su valor fulgura
como los soles muertos en su mentira hermosa:
luz fantasmal que viaja,
peregrina hacia dónde,
sobre mi finitud estremecida.

DESAMPARO

No inventé mi fe. Fue
un sencillo regalo
que el tiempo descompuso
o tal vez el buen Dios
creyó inmerecido.

Su voluntad cumpliose
en noches despejadas
con perfume a verano.
La luna fue testigo.

Entre ruïnas
            de eternidad
marcho desde hace tiempo
descalzo sobre espejos rotos.

Y no echo en falta
                la claridad perdida
ni el infierno augurado.

Aquellas avecillas
que en mi ventana
cantaban y marcharon
llevándose consigo
lejos mis primaveras
son lo que echo de menos.

LA FRASE RECURRENTE

La has escuchado tantas veces:
"De haber sabido lo que ahora sé..."

Como si el tópico exculpase de alguna forma
ante un presente de insatisfacciones.
Como si lo que ahora se conoce
no hubiera sido, sin apelación,
descendencia directa de lo que no se supo,
fruto bastardo de experiencias
                            tantas veces fallidas.
Como si las edades pudieran desandarse
y no dejar colgada esa expresión
decorando, retórica y ficticia,
escenarios dudosos.

No es la oportunidad lo que se escapa;
antes, el inconsciente despilfarro
de un caudal que se pierde.
Tampoco la omisión del que extravía,
sino el imperceptible fluir de un tiempo
para el que los sentidos
                            nunca nos prepararon.

Tiempo para acercarte la lucidez
en que extrañar cuanto dejó de pertenecerte.

Tiempo en el que empezar a echar en falta
nuestra alegre ignorancia,
la agilidad, la tersa carne, el amor veloz
y el sabor que dejaron unos años
de más vivo color y de tacto pungente
que, lejano en tu boca, aún persiste
con quemante arrogancia.

Como si rebuscara entre las llagas.

PERPLEJIDAD
(TRAS UN SERIO INFARTO)

¿Cuándo la vida se tornó en espera?
Yo solía tomar
el timón de su barca
en jornadas sin brida,
de aliento desbocado
y café entre dos luces.

Atareados siempre,
las horas parecían pocas,
el cielo nos quedaba estrecho.
El día atravesaba peregrino
y por las noches de inclinados hombros
cenábamos en paz sopa de luna.

Todo cambió de golpe
cuando erró su camino
un triste coágulo.

Miro ahora morir
la espuma de las olas
a mis pies, en la arena.
Encallado en mí mismo,
soy simple espectador,
visitante sin prisa.

Ahora sabe distinto el tiempo.

Se enrosca como un gato,
no se siente pasar;
desconfiado sestea
sobre la playa
      de las calmas prescritas.

Y contemplo la gente por las calles.

Miro vidas intactas.

Mi tiempo se ha tornado espera,
            y tal vez claridad
esta mirada mía
      en círculos de radio decreciente.

INSTANTÁNEA 2015
(CONVALECENCIA CON ARRITMIAS RECURRENTES)

Segrego versos pero poca insulina,
soy de páncreas perezoso, lo noto;
y mi sangre, rudo almíbar, me ha dejado
seis secciones del cardioide en vía muerta.

Yo salgo y compro el pan con cuidado sumo
de no forzar el paso, aún temeroso
de extraviar esta prórroga de existencia
que el azar me ha dado, pero ya no es mía.

Ya no mía ni de nadie y empeñada
por módica cantidad de amor humano,
a precio irrisorio de animal afecto,
apostándola al tesón de la palmera
y al más lento y lenguaraz de los caballos.

Relegada a breve espacio busca altura
por puro instinto del aire, y alza oblicuos
pabellones de rebelión. Sus extremos
están debidamente documentados
en sonámbulos papeles prescindibles.

Y, sereno, espero. Aguardo a que esta glándula
—que sin ser notada me va intoxicando—
poco a poco se apodere de mi nube
y con permiso del corazón me descabalgue
de la última carrera, de la única
en que parto como firme favorito.

TENAZ

He tenido tiempo
de amar y perderme
y volver a amar.

He tenido tiempo,
y aún me queda bruma
para desandar
en olvido.

POSIBLE EPÍLOGO

Ahora que la cima queda
muy lejos ya, y tan sólo aspiro
a retener reinos menguantes
y llevar dignamente las carencias,

ahora que he vivido
casi una vida y rebasé
su apogeo y la dulce plenitud,
con una historia a descifrar
en la piel y con tanto derramado
sobre cuerpos y tierras,

ahora
            las rodillas crujen,
falla la vista y faltan los alientos;
sólo nostalgias crecen, se apuntala
y cristaliza la memoria;
y aquel vago horizonte
de incierta lejanía
al que me alzaba para ver
se aproxima inquietante.

Así es como brotan estos versos.

Matojo y yesca en el alcorque,
cuando el árbol que aún lo justifica
está pronto a secar.

Algunas flores

Ya este es el camino y no hay retorno
sino oscuro presagio al frente. Duelen
todas las piedras que dejé a mi espalda
con cansancio de tiempo y de tropiezo.

Fruta que añoro son los gozos pródigos,
las horas derrochadas en volutas
de un humo que se aleja en la memoria
con el áncora echada en algún verso
de incierta fecha de caducidad.

Agridulce es pensar que ya atardece,
que cuanto arrebató mi plenitud
fue valorado así,
sin peso ni medida, a manos llenas,
mirando el porvenir desde la cima,
con hambre inacabable por la rosa.

Pero este es el camino.
                    Cualquier encrucijada
fue tomada con calma o al asalto
cada vez que elegir me fue posible
y por mí no lo hizo
el viento ingobernable de los días.

Y este es el camino, esta su noche cierta.
Brillan sobre el oscuro mar las luces
con parpadeo hipnótico.

En mi mesa hallaréis algunas flores,
mientras me quede
                    una mañana.

SIEMBRA DE SOMBRAS

ÉRASE UNA VEZ

Dijo mi padre: "Lee para ti"
al niño que yo era.
Recuerdo bien su frase.
Y así aprendí
            a leer en silencio.

Y también aprendí
—poco más tarde
y casi sin notarlo—
a amar el silencio.

A sentir que al callar
                        quemaban las palabras.
A llorar sin sonido
                        lágrimas niño adentro.

Mis silencios pensados
haciéndose poema
iban cogiendo altura,
                        tomando vuelo.

ABUELA AMPARO

Tuvo la abuela pronto el genio,
aunque su nombre nunca
le dejara de hacer justicia.

Eran cinco las bocas
que llenar, y el abuelo
en aquel campo interminable
que dieron en llamar
de reeducación.

Ya sé que no pasaron hambre,
(me lo dijeron muchas veces,
dudo si por orgullo o por vergüenza)
aunque para cenar, alguna noche,
hubiese sólo dos naranjas.

Limpia el plato con pan,
dejar un grano es gran pecado,
se besa el pan si cae al suelo,
el último bocado es el que te alimenta...

Frases admonitorias de forzada dulzura,
que un ayer de estrecheces acuñase
en sus cátedras grises.

De algún modo, el cuartel
supo colarse en casa.

No hay guerra sin peajes.

Reposo absoluto

A mi tío, en su funeral.

Padres, abuelos, bisabuelos,
y así hasta seis generaciones
coleccionaron los amaneceres
—sin ver salir el sol—
en las tahonas familiares.

Su piel lucía frágil y verdosa,
hecha a las madrugadas.

Amasaban su pan de vida
inmersos en el vaho y los fermentos
de un perpetuo calor que, insobornable,
parecía ignorar las estaciones.

El tiempo se quedaba detenido
entre sus manos laboriosas
de parecidos movimientos
y hechuras semejantes.

Las mismas manos que hoy contemplo
rígidas, claudicantes del oficio,
y que velan, inmóviles
desde la víspera,
su entrada
en el alba encendida
                del crematorio
                        municipal.

Furtiva luz

Hoy que, como suele decirse,
he tocado fondo;
hoy que el mundo no preocupa,
hoy que sopla un viento sin norte
y tengo tan poco que perder
que ni pierdo el tiempo en ocuparlo;
hoy que mato estas horas
—o mueren las horas y yo con ellas—
en el simple transcurrir sin historia,
sin rumor, sin rubor de confesarlo:
hoy no habrá más campanadas,
no habrá vuelo ni nube,
ni beso ni espera ni estupor ni objeto.

Sólo una luz con peso y desgana,
una luz apagándose conmigo,
una luz que clausura el día
desexistiendo en oscuridad
y en pájaros huidos.

La gran ausencia

I

Luces

Regresaba a su casa
esa tarde de mayo
con un sol declinante
contra el cristal del coche.

Sobre el asfalto un bulto
bajo una lona oscura,
el coche policial,
el furgón de atestados,
sus luces giratorias
de un azul vïolento.

Llegó y besó a su madre,
que extrañada le dijo:
"Hoy padre se retrasa".

La guardia civil luego
zanjaría la espera
con un sucinto informe.

Y es que hay luces que cambian una vida,
luces que aún giran
en la tarde inmóvil.

Y (II)

EL LARGO ADIÓS

A mi madre, a mis hermanos.

Ha pasado tiempo,
ese peso imperceptible.

Ha llovido tanto
        sobre nuestras vidas.

Hemos llorado las cosechas,
ha pasado tiempo.

No para ti, abismada
en esa tarde de mayo
de suavidad indefensa,
bajo el ángulo azul de un dintel
donde la claridad
        quedó destruida.

Para ti no pasa.

En la mesa,
        un cubierto de más.
Y en los armarios,
        aún su ropa.

Esta es
tu manera
de decírnoslo.

        De decírselo.

INTANGIBLE

Anoche estuvo aquí.
Se llegó como lluvia,
tan quedo fue su paso.

Anoche estuvo aquí.
Entró como una niebla,
se fue como los gatos.

Se ovilló junto a mí:
se adueñó de mis sueños
y soñé con sus manos.

Regresó cuanto fui,
entre imágenes vívidas
de un vencido pasado.

Fue simplemente así.
No se encendieron luces,
no atravesaron pájaros.

Anoche estuvo aquí.
En la almohada, una lágrima.
Y su nombre en mis labios.

MATER DOLOROSA

Nací sin resistencia, débil títere apenas.
Sobre un regazo de algodón
largos cabellos, largas uñas
y un oscuro color de mal presagio.
Quienes fueron testigos eso cuentan.

Que si una madre primeriza,
que si la comadrona
empeñada en un parto natural.
Suerte hubo del médico avispado
que tras dos días dijo que cesárea
y terminó con la agonía.

Llegué al mundo sin fuerzas, eso cuentan.
Baños alternos, fríos y calientes,
abrieron mis pulmones en un llanto
del que perdí memoria.
Dicen que sonrió, o eso me cuentan,
cuando me oyó gritar con voz quebrada.

A ella le quedó la cicatriz
que con su ausencia en mí perdura
hoy, que su edad rebaso,
hoy, que la vida que me dio prolonga
su esencia en otras vidas
que nunca conoció, para mi pena;
la cicatriz que aún puede palparse
cuando su voz en mis palabras
en el eco se pierde del recuerdo,
Amada Madre Dolorosa.

ALBAS Y OCASOS

Dos palabras

Me dicen que pasaste por allí
sólo por saludar, sólo por vernos.

Por hablar dos palabras cuando el sol
pintaba su acuarela luminosa
sobre la raya en que termina el mundo
(marca mi pulso
síncopas desbocadas).

Que por mí preguntaste
a quien sabes amigo
(con ronco eco rompen
hacia dentro las olas).

Que me echaste de menos
cuando no estuve
(desemboca en mis venas
alboroto de espumas).

Como niño impaciente,
con temblor, la esperanza se abre paso
derribando las mesas y las sillas.

Qué poco le hace falta al corazón
para soplar tizones mal ardidos
y hallar rescoldo.

Qué poco necesita
para encender su albor

(el aire apenas
de unas pocas palabras).

Algunas preguntas

(Cuatro cuartetos atlantes)

¿De dónde vienes que contigo llega
el aire brusco de altos vendavales,
de par en par la puerta y tras de ti
hojarasca de versos en revuelo?

¿En dónde el agua clara de tu risa
aprendería fresca a despeñarse
sobre mi torpe piedra de tristeza
restallando de sol entre mis huesos?

¿Dónde de luz llenaste tus alforjas
para arrojarla al rostro de los días
y hacer más transitables los caminos
de este nómada siempre de tu aliento?

¿Y por qué yo, por qué de entre los deltas
de ríos asombrosos fui a llegar
en pájaros y en lluvias a la orilla
donde en tus ojos se detuvo el tiempo?

COSAS QUE SIEMPRE QUISE DECIRTE

Llegaste,
y el corazón tomó
la forma aérea y eficaz
con que de pronto vibran las campanas;
su materia vital,
la volatilidad de los perfumes.

Llegaste,
y enmudeció mi voz en tu presencia
esposada a la espuma de una orilla
que alejaba certezas innombrables:
así, la eterna soledad del sueño
donde, ángel sin sombra, te defines;
así, la informe oscuridad al frente,
sumida en el abismo de tus ojos.

Llegaste,
       y supe
de la fugacidad de mis crepúsculos
ante la longitud infinita de tus noches
y la triste razón de su horizonte.
Quedó la tierra transitada exenta de huellas
como quedan las playas tras el viento,
y quedaron las puertas abolidas
por dar reposo a tu pisada.

Llegaste, simplemente,
con sonrisa sin nube.
Y el tiempo, ese íntimo enemigo,
dejó partir espera y hambre.

Desde entonces, Cerbero de tus días,
con celo insomne guardo
                    la luz en tu ventana.

SMILE

A mi hija.

Es bandera en tu rostro esa sonrisa
que ondea con el aire de mi vuelo;
terciopelo del día y cascabel
que es preludio en sordina de tu gracia.

El cristal de tu risa se abre en curva
de esquina a esquina de tu boca,
de punta a punta de tus labios:
cuánta luna me escondes en tus dientes.

Y su fulgor sin sombra me derrota;
su don me rinde, su total caricia:
arco de luz que sin saeta tensas
y en lo hondo hiere
                                    como hiere un beso.

Inicio de curso

Se despereza octubre
con resplandores que desdicen
la mordedura de su nombre,
bondades otoñales
cuando el invierno apunta.

Se ausentan, rodamundos,
pasajeros, los hijos.

Pasajeros y siempre en movimiento,
a lo ignoto levantan sus jóvenes miradas.
El mar de los sucesos se entreteje en sus vidas
y los arrastra un viento ingobernable,
llevados por la eterna corriente de las cosas.

Como renuevos son,
                    como copos danzantes.

Va en ellos mi confianza deslumbrada,
mi cariño devoto, con rumbo hacia destinos
que no veré, entre rostros que me serán extraños
y la caricia de lenguajes
                        que no comprendo.

Dura su estancia lo que dura un soplo,
pero es música. Dura su luz y se prolonga
en objetos de brillo cotidiano.
Tierras son, largamente caminadas,
que tan sólo a sí mismas pertenecen
aun cuando en su cosecha
pongamos hondo empeño.

Este es el mes del vuelo, el mes
de los silencios largos:
tiempo de alcobas y de sillas desocupadas,
la vasta orilla de la espera.

Otoño blando, ¿qué noticias traes?
Octubre se ha llevado
                    mis aves migratorias.

LÍNEA OCUPADA

Por otra singladura,
otra jornada más de desaliento
que ya ha pasado, en esta hoja
garabatos de tinta tienen
mustio el aire y el verso remendado.

Nunca lloran los números (tampoco
los tuyos, amor mío.
Menos aún los tuyos.)

Respeto esa tristeza de arlequín
que a veces tienen los momentos secos
en los que nunca encajan las palabras.

Y no vuelvo al vacío
aunque remueva mi centro convulso,
ya inmune a sus ponzoñas.

Hoy me llegan noticias
de tu improbable vuelta
y mi reino perdido.

Tendido entre algodones
tiento mis cicatrices.

No espero tu llamada.

CIUDAD ABIERTA

En las estancias
que encierra su corazón
guarda furtivos pájaros,
efímeras ficciones.

Tras sus visillos,
trasojado, errabundo,
peregrino sin huella
ni nombre, yo.

El hueco

A Paquita Puertas

Un agua que no sacia.
Un cielo de ojos fijos.
Un silencio a la mesa.
Un armario vacío.

La noche que se afila.
los días que se alargan.
Las horas son perfiles
de yermos y de garras.

Un hueco de congoja
que sangra minucioso
sobre el tiempo en que faltas.

Así es tu ausencia.

JUEGOS DE CONSTRUCCIÓN

Las tardes que se te juntaron,
que amontonaste y que cayeron
sin hacer ruido, para repetir
esa misma labor inútil
de apilarlas de nuevo
con la luz declinando
como una roja niebla
hasta llegar a esta última,
liviana como polvo y dorada por el sol;
esta tarde final que las corona
y la hora postrera en la que existes
vencido por su brasa lenta
con el propósito cansado
de celebrarlas todas
sin las trampas de otras veces,
sin milagros ni excusas,
mirando sin avergonzarte
el desgaste de las promesas
y su huerto de sombras.

Campo minado

Abro aquel libro último,
el del último estante,
el de hace tanto; aquel
con tu dedicatoria,
una fecha y tu nombre.

Caligrafía delicada
sobre papel que amarillea
con un color de tarde y nunca.
Se aprieta contra el pecho
una hoja intangible,
un filo que desbroza
sendas para una luz
que desde aniversarios
                    olvidados regresa.

Retorno a aquella edad ya ajada,
a un íntimo pesar de despedida
desde el trastero polvoriento
donde guardé tu ausencia:
tiene mi alma ahora
abiertas las ventanas
                    de par en par.

Es el conjuro que dejaste
escrito en la primera página,
y que dura hasta mucho,
mucho tiempo después
de haber leído,
vivido y enterrado
el argumento.

Estos versos, la tristeza

«El verso que te busca y que estás siendo».

Jorge Pérez Cebrián

Llegaba un marzo de agua y voladura
y sin preverlo nadie desplegaste las alas
para emprender el último planeo
sobre sendas apenas en esbozo.

Tomaba altura tu silueta,
tu mano se me hizo nube.

Las imágenes desde entonces
de un pretérito recurrente
diluyen sus perfiles
para emerger más puras:
las respiro, las sueño,
las guardo.

Son legado de un tiempo de vid joven,
de dulzor incipiente y proyectada ebriedad,
de días que doraba
                una luz de promesa.

En tu marcha quedó la partitura
para la que mi sangre mana luminiscencias
que se abaten sin cielo
                en tu sueño de océano.

Y cuando llega gris el equinoccio
entre protestas de mojados mirlos
de tu mano pasean
               estos versos,
con tu mano saludo
              a la tristeza.

Foto fija

Viniéndote hacia mí
                 es como te recuerdo,
cercada por tu propia claridad.
Viniendo siempre como si un saludo,
como entra el sol entre las tardas nubes,
alta y al frente tu mirada intacta.

Llegó a tener tu luz quicio y horario,
y el azar inconstante recompuso
a su modo los nombres del destino:
dónde saberte, en el alfar del sueño.

Proscrito en tu vacío, los tejados
celan mis duermevelas
en noches que constelas con tus ojos.

Mas, lejos de ficciones
que en el tiempo se adensan,
tu voz regresa y llueve en albos sueños
con un clamor coral que atiendo mudo;
y en su caer te extrañan
mi verso, que se embebe de tu ausencia,
mi altar deshabitado y mi piel viuda.

Desde tu incierto reino entre dos luces
viniéndote hacia mí por siempre espero,
limpio de pesadumbres y de sombras.

Meeting point

Para M. A. V., in memoriam.

Bórreme el tiempo
y quede aquí escondido
tu nombre amado,
maga querida,
amarga nigromante.

Que te guarden mis versos.

No es por durar
por lo que escribo,
sino por encontrarte
y traerte de vuelta.

Porque del todo
            no te me vayas.

Perro lobo

Sobre La llamada de la selva, *de Vicente Gallego.*

No te fíes de la tristeza.

Esa dulce tristeza
que, en ocasiones,
te visita apacible para hacerse
algún hueco en tus versos.

Que vuelve como un perro apaleado
a lamerte las manos, se restriega,
y se tiende a tu sombra,
sumisa y familiar.

La acaricias consolador.
Entre tus líneas parece
encontrar acomodo.

Y cuando crees
tenerla apaciguada
se vuelve contra ti
y de improviso muerde
con diente cruel y quemadura
hasta hacer que la tarde sangre.

Lo que parecía mascota
fue siempre lobo hambriento
y ha crecido contigo.

Cuídate de su dentellada.

Reencuentro casual

Al grupo de amigos del homenaje a don Juan.

Alguien me llama por mi nombre y siento
recuperado un vínculo en mi historia,
porque esa voz es parte en la memoria
de un tiempo en que vivir sólo era intento.

Y al oírlo me vuelvo, y un momento
se anima en nuestros rostros la ilusoria
sensación de obtener una victoria
sobre el encono del olvido hambriento.

Dos seres compartimos charla afable
entre extraños con prisa e impaciencia
que bullen por la calle interminable:

si el mundo te devuelve la presencia
de un amigo lejano y entrañable,
cierta luz reverdece la existencia.

Las hojas muertas

«Porque nadie teje/ni desteje/ni me espera».

JORGE PÉREZ CEBRIÁN

Todos aquellos años
        cabían en un sobre.

Un sobre no muy grande, medio oculto
entre polvo y carpetas,
en el fondo de un mueble sin linaje,
que, es curioso,
a todas partes te ha seguido
en tus muchas mudanzas.

Un sobre,
un rectángulo azul,
indistinguible,
como otro cualquiera,
que retiene el sabor
de un tiempo ya vencido:
poemas, fotos, cartas, poca cosa,
papeles amarillos
        de amores y renuncias.

Borrón y cuenta nueva, te dijiste.

Sólo que ahí, insepulto, permanece.
Sin concretar razones, ahí sigue.

No tuviste valor
                para quemar el sobre.
Ocasiones las hubo,
siempre pospuestas, siempre
con la vaga indefinición
—al modo de los sueños—
de imposibles retornos
                a tiempos imposibles.

Ahí dormita el sobre
de quimeras y anhelos conculcados.

Y es llegado el momento,
viejo tahúr,
en el que ya no tienes
con qué pagar franqueo,
ni buzón donde echarlo
                ni destino que aguarde.

FÉRTIL REGIÓN

Madrugada

Sombras que en un instante culebrean
sobre un fondo abisal y toman cuerpo,
sombras que a tientas huyen
y funden sus negruras
al calor del insomnio y la memoria;
grutas con eco, cónclave de espectros:
claman por la palabra que les nombre.

Qué incómodo testigo,
qué tutelar linterna
el círculo nevado de la luna.
Su luz de bronce
se enreda en avenidas
que sueño solitarias.

Es la noche sonora un pasadizo
y su grisalla deja entre los dedos
un centelleo de remotos faros
que en lejanía y turbulencias giran,
giran y se estremecen.

Tal vez, en el fragor de mi silencio,
cobre voz la quimera; y sus palabras
acaso esparzan más polvo de vidrio
sobre la cabellera oscura de la noche.

GEOMETRÍA NOCTURNA

Para Alejandro Argentino Font de Mora,
que respira el tango.

Mucho antes y mucho,
mucho después de ahora
te anunciará la noche.

Yo esperaba y espero
la hora que te trae
para abrir en canal
el tedio cotidiano,
el orden que no existe.

Para hendir este aire
de cielos sin custodia
con ocultas palabras
que en lo oscuro espejean
como peces en fuga.

Para acceder con fósforos prendidos
a tu recinto solitario
en el que toda turbulencia halla
cabal geometría.

Me he quemado
　　　　　tantas veces los dedos...

ORVALLA

A Mila Villanueva

Cae un agua mansa
que lava hojas y calles
y bendice el campo abierto
en el nombre de la altura.

Diademas de lluvia,
coronas de transparencia
que otorgan majestad al viandante,
al mendigo y al ocioso
mientras maldicen apresurados
tal honor sobrevenido.

Si al mar lo centra su sal,
su áspera verdad ubicua,
el recorrido define al río.
Tan sólo
   la lluvia
carece de nombre propio
como carece de dueño:
sola lluvia sólo.
     Y ríe su travesura,
y desciende sobre el mundo
deshojando cascabeles:
qué lejos del llanto.

Con la camisa pegada al cuerpo,
bajo el agua purificadora,
un hombre canta.

TRASPOEMA

A Heberto de Sysmo

Zonas dormidas del cerebro
—otros dirán del corazón—
se reactivan a su impulso:
son los reversos del poema.
En su trastienda y en desorden
desconocidas transeúntes
o advenedizos sin proyecto
a su hipnótico son se mecen,
doblan la esquina de una frase
para acceder al campo de los sueños
con luz y escalofrío.

Se intuye una tensión orgánica
como una nueva percepción
que nos acerca a lo profético.
Entre terapias inservibles
y metafísicas glaciales,
del desamparo más consciente
nos calienta su destilado.

En la deriva solitaria,
puede que comprenderlo sea,
anónimo lector,
nuestro peculiar método
—a la manera de la asíntota—
de tender a infinito.

Metáfora de la caza

A Vicente Barberá, cercano en su altura.

De una en una o en tropel,
—como sabiendo a dónde van,
cual tocadas de gracia—
conforman sus bandadas al latido
de arpegios instantáneos.

Contra ellas yo tiendo
el arco inmemorial,
contra la nube tornadiza que dibujan
y el deslumbre tenaz en que se esconden.

Fuera un don siempre la destreza
de acertar sobre la maraña errante
para trocar su cielo por el folio,
y descifrar con un lenguaje exacto
el algoritmo de su vértigo,
su aéreo propósito.

Mas no me siento dueño de sus alas
sino en esa boga del aire
que llamaremos vuelo.

Espejos

«¿*Puede un espejo conservar una impronta en él?*»

G. Swift

A Henry Ailatan

Se duermen los espejos
en las casas vacías.
¿Soñarán los espejos?

Con desconches de azogue,
los antiguos espejos
legados por parientes
que ya ha borrado el tiempo,
¿saben de los que vieron?

Se duermen los espejos
en ausencia de luz.
¿Hay alma en los espejos?

Los espejos cansados
de rostros y de cuerpos,
lunas sin sol que doblan
en lo oscuro los miedos,
¿sabrán de nuestros sueños?

¿Será la muerte espejo
que en mi silencio habita
silencios de otro espejo?

No todo lo que reluce

Al gorrión azul (Passerina Cyanea),
cuya migración se guía por las estrellas.

Eran sombras los árboles.
Bajo el prístino manto de la noche sin luna
se estremecía el mundo.
Cobraba el aire transparencia
y parecía todo aún más alto:
los astros titilaban...
Se escribieron *los versos*
más tristes esas noches.
También otros, con menos fortuna o más olvido,
elevaron su canto
                    a las nocturnas luces sobre el éter.

De un tiempo inédito testigo y parte,
contemplo, al levantar los ojos,
la oscura bóveda con extrañeza.
La cubren hoy celestes imposturas:
el resplandor artificial
                        de estaciones que orbitan,
centinelas constantes del dosel aéreo.

Cimas de ingeniería
                    que abrevian las distancias.
Fulgores prometeicos
                    que engañan la inocencia de las aves.
(Cadáveres metálicos un día,
cuando su utilidad toque a su fin).

Sus brillos nuevos
son estrellas sin nombre,
prodigios sin leyenda.

Son las luces intrusas
sobre un cielo sin Dios que se desangra,
                              a borbotones,
                                        de poesía.

Rejas al campo

I

A tus espaldas,
horizontes de ocaso ilimitado
al que huyen los trenes que perdiste,
los pájaros que amaste
y el vano oficio de decir tu queja.

Por falsos sumideros dejas ir
todo el tiempo que cabe en el recuerdo,
esa metralla que porfiado arrastras.

En escondidos atanores funde,
mientras tu alquimia muta
escoria y óxido en flamante forja
para otra cárcel de palabras,
                    otro poema.

II

Noble fulgor,
para tan pobre causa.

¿Por qué su jaula no aprisiona, sino que se abre
a huertos de espejismo y extrañeza
y ofrece allí sus frutos
de lentísima espina?
¿En qué cerrados campos
de apartada labranza
los ves crecer en bosque y reverbero?

En semillas del frío perseveras,
en ríos de entidad comunicante;

la memoria carece de barrotes,
y de ese su misterio te sostienes.

Acudes a su siembra,
y más profundo excavas.

PALABRAS PARA UN LIBRO
IMPOSTERGABLE

A Conxa Gausí y su poemario Que quede entre nosotros,
que llegó a ver días antes de dejarnos.

Bien lo recuerdo.
Que quede entre nosotros, me dijiste,
y era cierto. Un "entre nosotros" amical,
de largo alcance, sin saber aún
la estela que algún verso tuyo fue dejando
tras tus espaldas, ya de las estrellas.

Tardes entre nosotros en las que labramos
con el cincel sagrado del idioma
y el ácido cristal de las vivencias
la obra que nos fuera destinada.
Tardes que compartimos para hacer
que encajara en los nombres lo habitable,
aunque a veces hubieras de valerte
de la alquitara frágil de la pérdida.

Tardes que entre nosotros han quedado,
es cierto. Claras tardes
en que la tierra fue más nuestra.
Porque siempre los versos,
con sus puertas abiertas al hallazgo
inauguraban vagas esperanzas,
desahogos inocuos,
estructuras de aurora y luz.

Que quede entre nosotros, y tu libro
con ese nombre cómplice y urgente,
con la premura de saberse ya en sazón,
vino a ocupar su sitio entre los que amo
para ofrecerme su temblor desde tu ausencia.

Que quede entre nosotros, como un lirio secreto.

Y sonreías, alcanzada de palabras.

Viajo sin Polaroid

Pequeño homenaje a Antonio Mayor.

Allí estuvimos.
Y la pulsión ceremonial
de la fotografía,
la imagen concretada en algún tiempo y lugar
no permitía espacios —entre encuadres,
enfoques y demás ajustes—
a la contemplación,
la tregua absorta y deslumbrada.
El fiel reflejo en la película,
como un cristal enajenado,
dejaba fuera la emoción que a fuego
marca siempre su impronta en la memoria.

Y las imágenes,
descoloridas y olvidadas,
en creciente entropía,
dormitarán sin estremecimiento.
Como otoños que cierran
a instancias del ocaso,
ocuparán las grises gavetas que colapsan
tarjetas polvorientas, recuerdos infantiles
y cartas sin respuesta.

Allí estuvimos.
Mas yo sabré agrupar
y devolver a la corriente
escenas y paisajes contemplados;
por más altos, más míos,
en la profunda posesión. Renglones
de versos que sujeten sin quemar
el testimonio conmovido.
Está en mi mano liberarlos,
a mi palabra corresponde
y nada me limita.

Allí estuvimos.
Tal vez deba decir:
estuve. Mi emoción,
errátil, desplegada
en el sagrado idioma
—con la memoria por cobijo—
os dará fe de ello.

CUADERNO DE CAMPO

DESTELLOS

I

En la página en blanco
corretea, invertebrado,
un esbozo de verso.
Tal vez presienta
un futuro de aire,
un alma de libélula,
                    una vida más larga.

II

Trastabilla la brisa
en los bancos del parque.
Gira y todo revuelve;
y a su paso se lleva,
como si un ladronzuelo,
las monedas de sol.

III

Al árbol solitario
en mitad del baldío
le han crecido en las ramas
algunos pájaros.

Sospecho alergia a
                    la soledad.

REDENCIÓN

«...de su dueño tal vez olvidada...».

G. A. BÉCQUER

En la debla y el fandango,
la toná y la carcelera
marcaba ritmo el gitano
sobre guitarra sin cuerdas:
la sacó de su letargo
de vieja y muda madera.

"¡Que Dios te lo pague, hermano,
que de esta manera suenas!"
...Y la guitarra entretanto,
libre ya de su condena,
cantaba con voz de árbol
que a sus pájaros regresa...

CUERPOS EN MOVIMIENTO

A Virgilio Fuero, quien también le habla al silencio.

Permaneces sentado en el sosiego
de la tarde en el parque.
En cualquier banco, bajo la enramada
de árboles de sombra cada vez
—es fácil comprobarlo—
más larga y más espesa.

Se compacta su red.
Ya encienden las farolas.

Dice la ciencia que
tu aparente quietud y tu reposo
se asientan sobre un desmedido obús
lanzado por empujes siderales
a un vértigo demente; que el planeta
es una bala ciega.

Estás sentado en el sosiego falso
de una montaña rusa.

Sólo las mudas sombras de los árboles
en silencio te hablan
de la velocidad
                    de tu ignorado viaje.

A modo de plegaria

A Paco Cejudo

«...ni tan mozo que no pueda morir hoy».

Fernando de Rojas

Contamos indolentes con mañana
cuando ni el hoy siquiera es seguro
ni el tiempo entero basta. El ámbar puro
que arrebola la tarde se desgrana

en lenta oscuridad que, soberana,
de todo se apodera. Yergue un muro
que no escalan los planes de futuro,
vencidos por fatigas y desgana.

Acude el sueño incierto a nuestra frente;
sin daño, en leve niebla nos derriba,
y el descanso propicia que olvidemos.

Que vuelva el alba y quiera ser clemente,
y deje que prosiga esta deriva
que llamamos vivir: cuanto tenemos.

OBERTURA CORIOLANO

A Gregorio Muelas

La música ha terminado.

Se intuye la eternidad
en la vibración del aire
donde lentas se dispersan,
iridiscente su luz,
las partículas finales.
El silencio las engulle,
pero invencibles
                    en la memoria resuenan.

Puso alas en las notas
con las que alar las almas.

Era la voz de Dios
                    negando su mudez.

Sólo un sordo pudo oírla.

Arboleda urbana

A Juan Luis Bedins

El eco de la noche, que es espejo,
anuncia el arribar del estornino.
La multitud de pájaros distingue
por instinto el refugio.
         Y qué lejana
nuestra alma, en lo oscuro de la urbe,
del revuelo de alas de su vuelta.

Delatan su reposo y su festejo
la algarabía en árboles y frondas;
y a su bullir cerramos las ventanas,
molestos de su gozo. La luz damos
por prolongar un día que ya es ido.

Desde la hora roja del crepúsculo,
por todo ajuar plumones ahuecados,
sus ojos soñolientos nos contemplan
vagar por las estancias sucesivas
—insomnes y ocupados a deshoras—
de hogares que consumen nuestro esfuerzo.

Invisibles, observan la aparente
fijeza del nidal que construïmos.

Parece que nos lean en el rostro
la certeza de ser nuestra existencia
un necio no saber a dónde vamos.

CORAZÓN DE PERRO

A Toni Avilés, in memoriam.

I

¿Qué soy yo sino sombra,
mi viejo perro, y qué recuerdos entre neblinas
acuden hasta ti desde otro tiempo?

Bajo brezos y pinos
testimoniábamos amaneceres
sobre las dunas de las playas nuestras.
Orinabas irreverente
las flores del lentisco y el jaguarzo,
tu olfato se llenaba de mañana y bosque.
Eran tus gozos
la alocada carrera,
el hozar entre jaras y el juvenil ladrido.

Y nosotros, los amos,
nunca alcanzamos tanta plenitud
en los anhelos más altos. ¡Razón,
protectora insensible,
en nombre de lo humano
cuántas cosas hurtaste!

II

Llegarían después cosechas crueles
y vendimias amargas.
En un viento de ausencias
no hallamos norte,
y cedimos tu atenta compañía.

Nadie habló ya de ti, mi viejo can,
compañero leal en la costumbre
de las rutas del alba y de la escarcha.

Me llego hoy a tu infalible hocico;
hueles mis manos, gañes jubiloso,
consientes mil zalemas como un niño.

¿Por qué así me bendices
con tus ladridos y tu euforia?
¿Qué conmoción,
qué festejo desencadeno
en la hondura de tu alborozo?

Algo que mi presencia ha convocado
está bailando dentro de tu pecho
como una tolvanera que se aleja
de mi razón desconcertada.

CIUDAD SEDIENTA

No volverá a sonar la risa antigua
del viejo río en mi ciudad.
Así quedó dispuesto
por añejos munícipes.

A su argentada desnudez se impuso
el sello urgente de lo útil:
dividido el caudal en mil arterias,
sus aguas sólo corren en segmentos
de minuciosa ingeniería.

Y es preciso empujarla y espolear su paso
si se quiere que cubra su sendero
de arborescentes calles infinitas,
de fatigado buey por altos pisos.

Para todo invisible, del río nadie sabe
salvo en el cotidiano quehacer:
modestos puntos líquidos
—fontanas o cisternas—
cuando ya no es corriente,
sino agua domada.

Cuando no brinca ya, cuando no ríe,
cuando es mera utilidad su ímpetu
y un mal sueño el diluvio
que devino en leyenda.
Sus puentes sólo cruzan ramblas decorativas,
charcos ornamentales
cual espejos de mano.

Y al fin, derramadero de detritos,
su emponzoñado tránsito se aleja
cubierto por sigilos subterráneos.
En lenta e imperturbable comitiva desfilan
sus densas lamas de viscoso fluir:
el hedor es la marca de su paso.

Con derrotada lentitud,
se diluye en un mar de enfermas calmas, el mar
de mi ciudad sin río,
                    de la ciudad sedienta.

Última edición

«No news, good news».

A Laura Giordani

No escuchas nunca el noticiario
hasta pasado el mediodía.

No es posible cargar con la mañana
si de pronto su peso crece tanto,
si estalla tan temprano su vaso de tristeza
que tengas que arrastrarla rota,
desangrada, a cuidados intensivos.

Así que nunca escuchas las noticias
hasta tarde en la tarde.

Luego cierra el silencio
y abren los ojos
de los reinos insomnes.

No escuchas las noticias
y regresas indemne.

La cicatriz celeste

Al entrañable Carlos Beltrán

Cuando haya noche clara y sin más luz
que la que irradien ateridos astros,
cuando sientas el alma tan cercana
que en tu silencio escuches su latido,
contemplarás quizá un cielo sin luna
donde la oscuridad es sólo el fondo
para una floración de incandescencias.

Propicia entonces te será la noche
si encuentras su sendero fulgurante,
el brocal al que asoman otros mundos;
esa suerte de cósmica rayuela
donde al vértigo abrimos la mirada.
Un camino que el día desconoce,
y ante un sol manifiesto desatiende.
Un camino cegado para el día,
cuando en el vuelo corto te ajetreas
por apurar la vida a tragos largos.

Pero insiste la noche
en su jaspe y su tersa desmesura.

La noche vuelve con la ígnea sierpe
tatuada en su alta bóveda. Y, al verla,
no puedes eludir preguntarte
por la arena de qué mar serás grano
cuando acabe este viaje sin propósito
para el que desde siempre llevas puesto
el hábito y bordón de peregrino.

La certeza

Bajo el cielo mudable
donde todo acaece,
del panteón del miedo
                    se enseñorea
—libre de cualquier duda,
equitativa en sus designios—
esa divinidad de paso firme
                        a la que nada pone trabas.

Como el cristal, absorta,
íntima como un roce,
nunca me ascenderá a cielo alguno
aunque la sepa en cada flor cortada
y en toda boca haga nido.

Estoy seguro
                de que no busca adoración,
que no vigila
                mis pasos en la tierra,
y que nunca su nombre
                    escribiré en mayúsculas.

Sé con seguridad
que mis pasos la siguen,
que cada abrazo la aproxima,
que ocupa noches insondables
y conozco su tacto en esos sueños
que tienen el sabor de los cuchillos.

Y sé seguro
que no sabré su rostro hasta que vea
venir su mordedura,
como, me consta, la están viendo
con sus ojos narcotizados
los silenciosos huéspedes
             de la unidad de oncología.

Sinestesia invernal

La potestad de enero, incontestable,
parcialmente glacial desde el zaguán,
la lividez lidera, subviene al estornudo,
enciende las alarmas de la felpa
y abre, en resumen,
el año en dos mandíbulas.

Vendrá un frío abacial
hasta este valle invertebrado.
Y migrañas meñiques,
de acusado recibo.
Mojará la intemperie
con cellisca cerrada
la ronquera del mirlo, la cautelar pantufla,
las aceras vacías.
                    Todo lo quemará
con tenacillas de inclemente escarcha.

Seguirán su feroz itinerario
los silbidos del aire,
inmateriales canes de aullido *imparisílobo*
con dentellada bajo cero.

Es este el mes que escupe y tose,
dictan los evangelios astronómicos:
                    cúmplase su palabra.
Y sobre enero desmedido vierto
mis versos tiritantes, de puntillas,
a dos manos y doce menos cinco,
apagado el ordenador,
                    a oscuras la escalera,
                    atentamente suyo.

Paseo marítimo, 6:45 a.m.

A Elga Reátegui

Expectante de sol,
la aurora malva y rosa.

Sobre la mar, las nubes:
torreones ingrávidos
de desnudez carbónica
y ondulación violeta,
dosel del horizonte,
tobogán de gaviotas.

Traídas por un viento
de purísimo azul,
—pañuelos de alboroto—
las blancas lavanderas,
el grácil correlimos.

Labra la arena el mar,
siembra valvas y espumas,
moja en sangre celeste
las cosechas del alba.

En los mapas que aún
me quedan por hacer
llueve luz de silicio.
En las ventanas donde
quizá duermes remansa
vivo color de incendio.

Aprieta hasta la lágrima
                    el cinturón de Venus.

COLMENAS

A qué singularidad
se podría pretender
en un planeta que ocupan
ocho mil millones largos
de estos mis semejantes
(en el año del Señor
de dos mil veintitrés,
y en alza).

Sobre qué nueva mentira
cimentar lo individual,
la unicidad ilusoria
de una sucesión de genes
que nunca va a repetirse,
según informa la ciencia.

Pero el ojo atento busca
ese hueco infinitésimo.

Con avidez e indulgencia
inventamos ciertos mundos
de refugio esperanzado,
preguntamos por vacíos
donde las ausencias moran
bajo el título de almas.

Y tratamos tercamente
de llenar con dignidad
el pellejo sentenciado,
soñamos con trascender
este tiempo que el Destino
nos señala al mero azar.

Porque nadie se resigna
al breve paso sin huella
de su insignificancia.

RELATIVIDAD GENERAL

A Pascual Casañ, filósofo y poeta.

I

La eternidad subyace en el instante
entre dos parpadeos.

Una razón de perspectiva
                    oculta su presencia.

Las palomas que en nuestras plazas
no son nunca las mismas,
cuantas rosas regresan (tan idénticas
                    a las que ya se fueron)
por cumplir breve estancia:
gastan sus fuerzas y sucumben,
dejan semilla y germen,
refugios traspasados y carne renacida;
su testimonio diminuto
                    en busca de un mañana.

Y no serán las mismas,
                    pero el ojo imperfecto
                              no ve las diferencias.
En su tesón,
la eternidad subyace.

II

Generaciones y cosechas
de pájaros y lirios
que miramos igual
que las encinas centenarias
nos miran a nosotros: semejantes,
enumerando rostros indistintos
en tropel de existencias ignoradas.

Miro el patriarcal roble
y su desplegado velamen. Miro
sus hojas, como días ya pasados,
caídas y en moltura,
después de una estación de altura y cielo.

Miro el beso apretado de raíces y tierra,
el abrazo exigente del quejigo
que con su muda vehemencia todo lo pide
para que al sol fermente
en brindis luminoso.

Tan sólo somos
ante su pasión viva,
como la flor o el ave ante la nuestra:
constante comitiva
de seres sucedidos.

Hoy que mi tiempo ya no importa,
hoy he mirado como mira el árbol.
Hoy he envidiado, con flaqueza de hombre,
la eternidad que alcanza.

Vesperal con Líridas*

A Pilar Verdú

Despedido el penúltimo tren, aún sin llegar
el que lleva a destino,
frente a un sol que las horas han gastado,
la débil luz requiere
de una cierta ortopedia, como también los ojos.
Ya empiezan a encenderse
dubitantes faroles.

El crepúsculo alarga los objetos
y entrelaza contornos, trascendiendo
esa magnitud grave de cosa sucedida,
esa breve importancia que se da
a lo que de rutina pasa a historia.

Se adivina en las caras
la filiforme cicatriz del día,
que excavarán los años
      en rictus indeleble.
Como la avena fatua,
hacia el suelo se inclinan pensativas,
ya entregado su fruto.

Tal vez un poco de esperanza baste
para apartar del rostro su cansancio,
y deje que se apague esta jornada
con fugitiva dicha. Nos consuela
ese placer pequeño del regreso
      volando en grupo.

En el cosmos estrecho del andén
la noche va cerrando,
y llueven meteoros sobre el mundo
su lágrima instantánea.
A su ardida sustancia se levanta un rumor
de ancestrales consejas:
harina son
de molienda celeste,
en cada uno va un anhelo.

Y en esa sinrazón vamos confiados.

En la celeridad del tren
sin escarmiento pediremos
el deseo secreto
mientras corren las luces
de estaciones fugaces.

Y el Tiempo, vieja máscara,
dispondrá con oficio
el barniz silencioso que a su paso
todo lo dignifique.

*Las Líridas son la lluvia abrileña de estrellas fugaces cuyo radiante se halla en la constelación de Lira (de donde su nombre).

106

ÍNDICE

TÍTULOS DE LA COLECCIÓN